AF312720

BIBLIOTHÈQUE

DU THÉATRE MODERNE

LA

FEMME A BARBE

VAUDEVILLE — PARADE EN UN ACTE

PAR

ÉLIE FRÉBAULT

Représentée pour la première fois, à Paris, sur le THÉATRE DES
DÉLASSEMENTS COMIQUES, le 3 mars 1866

PARIS

LIBRAIRIE CENTRALE

24, BOULEVARD DES ITALIENS, 24

—

LA
FEMME A BARBE

VAUDEVILLE — PARADE EN UN ACTE

PAR

ÉLIE FRÉBAULT

Représentée pour la première fois, à Paris, sur le Théatre des Délassements Comiques, le 3 mars 1866

PARIS
LIBRAIRIE CENTRALE
24, BOULEVARD DES ITALIENS, 24

—

1866

PERSONNAGES :

<pre>
BALTHAZAR, hercule..................... MM. Mondet.
GASPARD, pitre,........................   Leclerc.
ATHANASE, marchand de pastilles du sérail..   Albert-Merz.
ROSALBA, femme à barbe................ Mlle Colombatt.
UN FANTASSIN ....   M. Salvador.
UNE NOURRICE............... .... Mlle Célina.
SPECTATEURS ET SPECTATRICES......
</pre>

S'adresser pour la mise en scène à M. Jousset, Régisseur du Théâtre.
Pour la Musique, à M. Javelot, Chef d'Orchestre.

LA

FEMME A BARBE

Le théâtre représente l'intérieur d'une baraque de saltimbanques. — Au fond, théâtre fermé par des rideaux à carreaux rouges glissant sur une tringle. — Une branche d'arbre venant de l'extérieur s'allonge sur la scène. — (Praticable.)—Ustensiles de saltimbanques à droite et à gauche.

SCÈNE PREMIÈRE

GASPARD, ATHANASE, venant de gauche [1].

GASPARD, fredonnant.
C'est moi que j'suis la femme à barbe ?
ATHANASE, entrant.
Tiens ! le pitre !... Voilà mon affaire !
GASPARD, sans le voir et fredonnant.
Entrez, bonnes d'enfants et soldats...
Tâchez moyen d'fair' ployer c'bras...
(Il étend le bras et renverse la calotte rouge d'Athanase.)
ATHANASE, se recoiffant.
Holà !... assez de symphonie, Chilpéric !
GASPARD.
Quel est cet homme du monde ? — Je suis Gaspard.
ATHANASE.
Ta parole ?

1. Athanase, Gaspard.

GASPARD, prenant une pose.

Dit le redoutable Brésilien...

ATHANASE.

Alors, tu es de Chaillot ?

GASPARD.

Et je casse des pavés avec mon poing.

ATHANASE.

Qu'est-ce que je disais ?... du Gros-Caillou !...

GASPARD.

Parbleu !

ATHANASE.

Alors, nous nous entendrons.

GASPARD.

Je n'ai pas l'oreille dure.

ATHANASE.

Très-bien ! D'abord prends ces trois francs.

GASPARD, avec admiration.

Pour moi cet or ?

ATHANASE.

Pour toi.

GASPARD, empochant.

Noble cœur !...

ATHANASE.

Écoute. Je ne suis pas venu ici pour acheter des timbres-
poste.

GASPARD, avec suffisance.

Je m'en avais douté.

ATHANASE.

Je suis un jeune homme calé...

GASPARD, avec intention.

Qu'a les manières distinguées.

ATHANASE, vivement.

Prends encore ces trois francs... pour l'intention...

GASPARD, avec élan.

Noble cœur !...

ATHANASE.

Ne m'interrompez pas... je n'ai plus de monnaie. J'aime !...
ô Anatole !

GASPARD.

Appelez-moi Gaspard..., qu'est-ce que ça vous fait ?...

ANATHASE, avec emphase.

As-tu jamais aimé ?

GASPARD, bondissant.

Moi !... Oh ! malheur !

ATHANASE, lui saisissant le bras.

Assez !... Cette exclamation énergique me prouve qu'un cœur sensible bat sous ta flanelle.

GASPARD, avec émotion.

Merci pour elle... merci pour moi !...

ATHANASE.

Tu peux me comprendre ?

GASPARD.

Je le peux.

ATHANASE.

Pour obtenir celle que j'aime... je jouerai au bilboquet avec l'Obélisque et le dôme des Invalides... Je ferai tous les sacrifices... Tiens... prends ces trois... non... je n'ai plus de monnaie.

GASPARD.

Vous me les devrez.

ATHANASE.

Pour le quart d'heure, j'ai besoin de tes services.

GASPARD.

Donnez-vous donc la peine de vous asseoir.

ATHANASE, cherchant vainement une chaise.

Merci... je ne suis pas fatigué... Écoute... je vais t'investir de ma confiance... Il s'agit de me ménager un tête-à-tête avec celle que j'aime.

GASPARD.

Celle qu'il aime ?...

ATHANASE, vivement.

Tu l'as nommée... C'est Rosalba.

GASPARD, bondissant.

Oh! malheur !

ATHANASE.

Favorise ma passion insensée, mais légitime...

GASPARD, avec dignité.

Combien que tu donnes encore ?

ATHANASE.

Qu'est-ce à dire ?... Tu refuses ?...

GASPARD, lui montrant la porte.

Je refuse et vous somme de sortir incontinent de cette enceinte.

ATHANASE.

Ah ! ah ! Est-ce que tu as bu, Gédéon ?

GASPARD.

Appelez moi Gaspard, et fuyez ces lieux !

ATHANASE.

Au moins, rends l'argent...

GASPARD, il remonte et passe à gauche [1].

Assez, monsieur ! J'entends le pas d'un bœuf, c'est le patron... Vous n'avez que le temps de filer.

ATHANASE.

Ta parole... (Il lui envoie un coup de pied.)

GASPARD, se frottant.

C'est différent... Quand on s'explique... Mais filez tout de même.

ATHANASE.

Oh ! je reviendrai.

(Il se sauve à gauche.)

SCÈNE II

GASPARD, puis BALTHAZAR, venant de droite.

GASPARD.

En voilà un qui tombe à pic !... s'adresser à moi ! moi qui nourris un béguin à l'endroit de la superbe Rosalba !... Cet ange !... qui fait des assauts de boxe française avec les prévôts de l'infanterie, et qui lutte à mains plates avec les forts de la halle au blé ! ! !

BALTHAZAR, entrant sombre.

Cataplasme et parapluie !... ça ne va plus !... le siècle devient difficile !... Le public en veut pour son argent !... Oh ! le progrès !... la littérature à un sou !... les osanores !... et les sangsues mécaniques !

GASPARD, à part.

Le patron est en ébullition !

1. Gaspard, Balthazar.

BALTHAZAR.

I.

Oùs qu'est le temps ou le badaud candide
Se contentait des nains et des géants ?
Où sur l'estrade, habillé z en Alcide,
Le bras tendu, z'au nez d'un tas d'feignants,
J'soul'vais des poids d' mill' kilos en fer-blanc ?
Oùsqu'est le temps où l'étoupe enflammée
Et l'pigeon cru charmaient l'cœur du client ?
Ils n'en veul'nt plus !... ni l'civil, ni l'armée.
Faut aujourd'hui changer de boniment !

(Passant à gauche.)

II.

Oùsqu'est le temps où j'avalais des sabres ?
Oùsque j'faisais l'albinos du l'boul'vard ?
Oùsque j'dansais à l'ombre des grands àbres
Un' cachucha nativ' d'la ru' Mouff'tard,
Avec mon andalous' de Vaugirard ?
Oùs qu'est le temps, où de sa voix si tendre,
Mon phoqu' privé disait : Papa, maman...
Chacun alors accourait pour l'entendre...
Faut aujourd'hui changer de boniment !

GASPARD.

Aujourd'hui, le bourgeois est méfiant...

BALTHAZAR.

Les tours de force tombent aussitôt dans le domaine public... C'est dégoûtant !...

GASPARD.

Eh bien ! et la propriété artistique ?...

BALTHAZAR, haussant les épau'es.

La propriété artistique ?... des champignons !...

GASPARD.

Enfin ! heureusement que vous avez mademoiselle Rosalba, votre fille adoptive... Je crois que cette fois nous pinçons le public... déjà les recettes se relèvent.

1 Balthazar, Gaspard.

BALTHAZAR.

Sans compter l'Arabe incombustible, que j'attends aujour-
d'hui des Batignolles...

GASPARD.

L'Arabe incombustible ? l'homme qui avale du plomb
fondu ?...

BALTHAZAR.

Oui ! un sujet... del primo cartello !

GASPARD.

Oh !...

BALTHAZAR.

Un brillant avenir se prépare !... Et voilà le moment venu
pour Rosalba de me récompenser de mes sacrifices...

GASPARD.

Le fait est, patron, que vous l'avez recueillie au maillot...

BALTHAZAR.

C'est pour çà, que je l'y ai fait rentrer... dans le maillot...

GASPARD.

Dame !... avec des jambes comme les siennes...

BALTHAZAR, vivement.

Et sa voix, malheureux... tu n'en parles pas !... Voilà le
côté plastique de la situation !... Mais, assez causé... le travail nous réclame...

GASPARD.

A c'te caisse ! ..

(Il donne la caisse à Balthazar.)

ENSEMBLE.

Air : *Apothicaire et Perruquier.*

Voici l'heure de la parade!
C'est le moment de la cascade !
Allons faire le boniment!
Qu'un nombreux public envahisse
L'enceinte de notre édifice,
On ien donn'ra pour son argent!

(Balthazar sort à gauche.)

SCÈNE III

GASPARD, puis ROSALBA.

GASPARD.

Pauvre ange! chaque fois qu'elle apparait devant le public... l'émotion m'étrangle... je suis jaloux de ces hommes qui la regardent pour deux sous!...

ROSALBA, entrant avec sa barbe.

Gaspard!

GASPARD.

Mamzelle Rosalba!

ROSALBA.

Oùsqu'est papa?

GASPARD, avec émotion.

Il est à la caisse. Savez-vous, mademoiselle Rosalba, que vous avez tout de même eu un rude succès hier?

ROSALBA.

Je crois bien... tu m'as cassé un pavé de trente centimètres sur 25... sur l'estomac...

GASPARD, en tirant un morceau de sa poche.

J'en ai conservé un morceau.. Je le garde sur mon cœur.

ROSALBA.

Si papa te voyait, quéque tu dirais?

GASPARD, avec des larmes dans la voix.

Je dirais... que c'est un souvenir.

ROSALBA.

T'as un coup de marteau...

GASPARD, avec feu.

Oui, pour vous... ange!

ROSALBA, riant.

Est-il bête, ce Gaspard!

GASPARD, avec amertume.

Oh! je connais la distance qui nous sépare... Je sais que le père Balthazar ne donnera sa fille qu'à quelqu'un de cossu!... au sauvage de la barrière du Combat... ou au dompteur de la place du Trône... des sommités, quoi!... je sais bien...

1. Gaspard, Rosalba.

mais c'est des mariages de raison, tout ça... tandis qu'avec
moi... ça serait un mariage d'inclination... et je te rendrais
heureuse !... Rosalba !...

ROSALBA.

D'abord, qu'est-ce qui te dit que je veux m'marier,
moi ?

GASPARD, avec accablement.

Cette femme est de bronze... Gaspard, t'as pas la chan-
ce !... Oh ! malheur !...

ROSALBA.

Mais voilà l'heure qui approche...

(On entend la musique.)

GASPARD.

Vite en scène !

(Rosalba disparaît derrière le rideau.)

SCÈNE IV

GASPARD, BALTHAZAR, à la porte, font entrer tout le monde,
SPECTATEURS et SPECTATRICES, LA NOURRICE, portant un enfant, LE FANTASSIN [1].

BALTHAZAR.

Entrez, mesdames et messieurs !... Venez voir la jeune et
belle femme à barbe, la seule de son espèce et de son sexe,
âgée de 17 ans 3 mois et 10 jours, née native de la Venise
du nord, d'Amsterdam en n'Hollande ! et chantant la romance
comme une personne naturelle.

(Pendant ce boniment la musique se fait entendre au dehors et les
spectateurs entrent ; parmi ces derniers Athanase ; tous vien-
nent de gauche.)

SCÈNE V

LES MÊMES, ATHANASE, entrant, puis ROSALBA, sur le théâtre
avec une barbe.

ATHANASE, criant.

Assez causé !...

_____

1. Gaspard, Athanase, Rosalba, Balthazar (spectateurs à droite et à gauche.)

GASPARD, apercevant Athanase.

Bigre! l'homme aux trois francs... Méfions-nous!

TOUS.

Oui! oui!..... la femme à barbe!

ATHANASE.

Qu'on nous la serve!

CHOEUR DE SPECTATEURS.

Le rideau! le rideau!
Que la romance
Commence
Le rideau! le rideau!
Où l'on va voir du nouveau!

GASPARD.

Vous êtes servis!

(Le rideau s'ouvre, Rosalba paraît.)

TOUS

Bravo! brava!

ATHANASE.

Qu'elle est belle!

LE FANTASSIN.

Tout de même que c'est une rude créature.

LA NOURRICE.

Tais-toi donc, Chapuseau!...

GASPARD.

Silence au parterre! mademoiselle Rosalba va avoir l'honneur de vous chanter la romance de *Solide au poste.*

ROSALBA (Elle chante Solide au poste.)

AIR : *de Villebichot*

1.

Au lion d'or quand j'étais servante
J'fendais l'bois, j'faisais l'gros travail
Tout' l'ouvrag' la plus fatigante
J'pétrissais l'pain... j'pansais l'bétail.
Bèn que j'fuss' minc' comme une asperge
J'étais plus fort' qu'un ch'vau d'labour

Et quand on s'qu'rellait à l'auberge
J'portais l'tapageur dans la cour.
Ah!... c'est que j'suis solide au poste
Et j'vous mets au pas carrément
Bon cœur... mais prompte à la riposte
C'est qu'j'ai z'un fier tempérament!...

TOUS.

Bravo! bravo!

ATHANASE, soufflant comme un phoque.

C'est une reine!... heu!

LE FANTASSIN.

Qui donc qui me souffle dans le dos?

LA NOURRICE.

Tiens toi donc paisible, Chapuseau! tu vas réveiller le petit...

GASPARD.

Silence au parterre!

ROSALBA.

II.

Un'fille comm'moi n'a rien à crainde
Chez nous j'manquons pas d'épouseux
Mais j'veux pas m'marier comme un'dinde
Sans ben connait'mes amoureux
Blond, brun, civil et militaire
J'en ons connu de tout'façon
I en a point qui fass'mon affaire...
J'f'rai comm'papa... j'rest'rai garçon!
Ah!... c'est que, etc.

TOUS.

Bravo! bravo!

ATHANASE, même jeu.

Épatante!... heu!

LE FANTASSIN.

Décidément il y a une porte ouverte.

GASPARD.

Silence au parterre!

ROSALBA.

III.

Mais un beau jour j'fis la bêtise
De prendre un mari pour de bon
J'avais choisi, faut que j'vous l'dise,
Jean le plus beau gars du canton
J'suis volé c'est un'vrai' panade
Qu'est pas fichu d'fair' mon bonheur
Un feignant qu'est toujours malade
Avec un' femm' comm' moi!.. Malheur!
    Ah! c'est, etc.

TOUS.

Vive la femme à barbe!.....

ATHANASE, même jeu.

Sirène!... heu!...

LE FANTASSIN.

Je finirai par m'enrhumer...

(Il lève le col de son habit.)

ROSALBA.

IV

Lucas c'est l' plus p'tit du village
Mais pour le travail... c'est un bœuf!..
En un jour il fait plus d'ouvrage
Qu'un aut' n'en fait en huit ou neuf!..
A la bonne heur' çà c'est un homme!
A lui la b'sogne i fait pas peur
Quand i vient chez nous faut voir comme
Il aid' mon pauv' Jean d' tout son cœur.
    Ah! c'est, etc.

TOUS.

Bravo! bravo!

ATHANASE, même jeu.

Elle sera à moi!... heu!

(Le fantassin éternue avec force.)

LA NOURRICE.

C'est ce monsieur à la culotte rouge qui te souffle dans le
dos.

GASPARD.

Taisez-vous!... monsieur le pioupiou!...

LE FANTASSIN.

C'est pas moi!...

BALTHAZAR.

Mesdames et messieurs!.... mademoiselle Rosalba va faire
le tour de la société ; personne n'est tenu de donner. Mais il
faudrait être le dernier des Auvergnats... pour refuser son
offrande à un phénomène qui accepte tout, depuis les simples
monacos jusqu'aux billets des banques les plus étrangères.

ATHANASE, à part.

C'est le moment de lui glisser le poulet.

(Rosalba descend du théâtre et fait le tour de la société avec une
tire-lire, le fantassin tire péniblement sa monnaie d'un bas qu'il
extirpe de sa poche, et donne. Pendant ce temps Gaspard
et Balthazar excitent la générosité du public par des interpel-
lations :) Allons! messieurs et mesdames!... du cou-
rage à la poche!... (Chacun donne. Athanase y glisse un
billet, en poussant un soupir plus bruyant que les autres. Les
spectateurs effrayée s'enfuient. Athanase sort le dernier en en-
voyant furtivement des baisers à Rosalba.)

SCÈNE VI

BALTHAZAR, GASPARD, ROSALBA.

BALTHAZAR, soupesant la tire-lire.

Les actions remontent...

GASPARD.

Un succès, quoi!

BALTHAZAR.

Rosalba, tu réjouis le cœur de ton père adoptif... Dans mes
bras, douce enfant!

ROSALBA, ôtant sa barbe.

Des manières?... allons donc!... faites plutôt l'inventaire.

GASPARD [1].

Je vous dis qu'elle est de bronze!...

BALTHAZAR, versant l'argent sur la table à gauche.

Tiens! un billet...

---

1. Gaspard, Rosalba, Balthazar.

GASPARD, vivement.

De banque ?...

BALTHAZAR.

Non...

GASPARD.

Tant pis !

BALTHAZAR.

Adressé à Rosalba...

ROSALBA, vivement.

Pour moi ?... donnez !

BALTHAZAR.

Je ne sais si je dois...

ROSALBA, lui prenant la lettre [1].

Vous le devez...

BALTHAZAR.

Tu me diras au moins de qui il est...

ROSALBA, lisant.

Parbleu !

GASPARD, qui a inventorié la tire-lire.

Vingt-sept sous... et deux boutons de guêtres...

BALTHAZAR [2].

J'empoche les vingt-sept sous... Tu peux garder l'appoint...

GASPARD, piteusement.

Merci, patron.

BALTHAZAR.

Il n'y a pas de quoi .. (A Rosalba) Eh ! bien ! Rosalba... de
qui est cette lettre ?

ROSALBA, la plaçant dans son corsage.

De mon notaire.

BALTHAZAR.

C'est invraisemblable... mais, je veux te croire. Seulement,
je te le dis, Rosalba... si jamais tu reconnaissais par l'ingra-
titude des procédés les soins que j'ai donnés à ton enfance
débile... si tu faisais rougir mes cheveux blancs... Oh ! alors,
Rosalba, je ne te dis que ça !... souviens-toi z'en !...

ROSALBA, faisant un nœud à son mouchoir.

Je fais un nœud à mon mouchoir.

1. Balthazar, Gaspard, Rosalba.

2. Gaspard, Rosalba, Balthazar.

BALTHAZAR, avec admiration.

Que je plaindrais le séducteur qui abuserait de l'innocence de cette enfant!... Gaspard... viens boire un litre[1]!

GASPARD.

Avec volupté, patron.

BALTHAZAR.

En es-tu, Rosalba ?

ROSALBA.

Merci... sans façon.

(Elle remonte[2].)

BALTHAZAR, à part.

Elle refuse... étrange!...

GASPARD, bas.

Vous ferez bien de fermer la porte à clé... On peut pas savoir.

BALTHAZAR, de même.

En effet...

ENSEMBLE.

Air : *Apothicaire et Perruquier.*

BALTHAZAR.

Ici, morbleu! je flaire quelque chose...
Ell' se méfi' du papa Balthazar...
Mais je saurai trouver le pot aux roses
Elle a du vic' mais je suis un roublard.

ROSALBA.

Papa, je l'vois, flaire ici quelque chose
Soyons adroite... évitons son regard
Cachons-lui bien, cachons-lui cette prose
Veillons au grain... papa c'est un roublard!...

GASPARD.

L'patron, je l'vois, flaire ici quelque chose
J'ai des soupçons, d'mon côté foi d'Gaspard
De mon rival je m'méfie et pour cause,
Mais heureus'ment l'patron est un roublard.

(Ils sortent à gauche.)

1. Balthazar, Rosalba, Gaspard.
2. Gaspard, Balthazar, Rosalba.

SCENE VII

ROSALBA, seule.

Seule !... enfin !... je vais pouvoir relire dans le silence du
cabinet cette épître brûlante, qui a jeté le trouble dans mon
âme... (Elle lit.) « Jeune habitante des pays chauds, un cœur
» non moins incandescent que l'astre qui vous a vue naître,
» se roule à vos pieds, palpitant d'émotion et frémissant
» d'amour... » — Une belle phrase, savez-vous !...« Excusez
» la liberté de ma démarche... mais, nous sommes faits pour
» nous comprendre, et c'est pour le bon motif que je pré-
» tends vous fréquenter !... » — Me fréquenter !... Serait-ce
un voltigeur... — « Ouvrez-moi la porte, pour l'amour de
Dieu... » Serait-ce un pierrot ?... Mais... c'est qu'elle est
fermée, la porte... bast l'amour est ingénieur... il trouvera
un moyen !... « A bientôt, ange à barbe !... » — Ange à
barbe ! est-ce assez délicat ?... signé : « Athanase !... » —
Athanase... le doux nom !... il me semble que je mange de la
Revalescière Dubarry... quelle peut-être sa position so-
ciale ?...

SCÈNE VIII

ROSALBA, ATHANASE, à califourchon sur la branche d'arbre
qui domine la scène [1].

ATHANASE.

Ma position...

ROSALBA

Quelqu'un !...

(Elle remet vivement sa barbe.)

ATHANASE.

Elle n'est pas commode...

ROSALBA, levant les yeux.

L'homme au poulet !

ATHANASE. à cheval.

Lui-même !...

1. Rosalba, Athanase.

2

ROSALBA.

Jeune imprudent!

ATHANASE.

Puisque je t'aime!

ROSALBA.

Vous me tutoyez?

ATHANASE.

Bast! entre gens à barbe...

DUO [1].

Air : *Apothicaire et Perruquier.*

ATHANASE.

I.

Pour arriver jusqu'à toi, femme à barbe,
J'ai surmonté tout obstacle importun.
C'est au moyen de cette branche d'arbe
Que j'm'introduis...

ROSALBA.

Ça n'a pas l'sens commun,
Vous pouviez-vous casser, vous casser quelque chose.

ATHANASE, avec délire.

L'ange barbu! je le retrouve enfin!
Et dans mon cœur l'espoir... l'espoir couleur de rose
Vient se nicher soudain!
O destin prospère!

ROSALBA, avec inquiétude.

Ah! mais!... si mon père
Vous trouvait ici?

ATHANASE, avec joie.

O bonheur suprême!
La femme que j'aime
Elle m'aime aussi!

ENSEMBLE.

Mon cœur bat plus vite
D'amour il palpite

1. Ce duo peut être supprimé.

En l'apercevant...
Moment plein de charmes!
Pour moi plus d'alarmes!
Espoir enivrant!...

II.

ATHANASE.

Que de fois, cher amour, j'ai donné dix centimes
Pour m'enivrer un peu de tes traits enchanteurs.

ROSALABA.

Mais dites moi, vos feux sont-ils bien légitimes?...

ATHANASE, avec chaleur.

Le jour n'est pas plus pur que mes chastes ardeurs.

ROSALBA, avec abandon.

Je dois le confesser, son bagoût me remue,
Je sens entre mes dents glisser un doux aveu.

ATHANASE, avec enthousiasme.

Enfin!.., je suis aimé, z'aimé de ma barbue,
Ah! suis-je assez veinard?... merci... merci, mon Dieu!

REPRISE.

O destin prospère, etc., etc., etc.

ROSALBA.

Et vous me resterez fidèle?

ATHANASE.

Je le jurerais presque... mais je ne veux pas faire de ser-
ment en l'air...

ROSALBA.

Descendez, alors.

ATHANASE, descendant, il tombe.

Avec empressement! sans avaries... ô ange!...

(Il l'embrasse.)

ROSALBA.

Mais, monsieur...

ATHANASE.

Pardonnez...

ROSALBA.

Il n'y a pas d'offense!...

ATHANASE, l'embrassant.

Alors, je recommence...

ROSALBA, l'interrompant.

Sapristi!... on farfouille dans la serrure... ça doit être mon père adoptif!..

ATHANASE.

Évitons son entretien.

ROSALBA.

Trop tard.

ATHANASE.

Où m'introduire? (Il fait le tour du théâtre, désignant une porte à droite.) Ah! ici!

ROSALBA, tragiquement.

Mossieu!.. c'est ma chambre!...

(Elle se pose devant la porte les bras étendus, la tête renversée en arrière.)

ATHANASE.

Raison de plus...

ROSALBA, avec dignité.

Mossieu!... par là... (Elle le fait monter sur le théâtre et tire les rideaux.) Il était temps!...

SCÈNE IX

BALTHAZAR, GASPARD, ROSALBA, troublée [1].

BALTHAZAR.

Nous revoilà!

GASPARD, avec accablement.

Qu'un litre dure peu de temps!...

BALTHAZAR.

Tu en as bu trois.

GASPARD.

Je n'ai pas compté, patron!...

BALTHAZAR.

Eh bien! Rosalba, qu'as-tu fait pendant notre courte absence?

ROSALBA, embarrassée.

Jai donné à boire... à mes vers à soie.

1. Gaspard, Balthazar, Rosalba.

BALTHAZAR, à part.

Cette réponse me fait concevoir les soupçons les plus défa-
vorables sur la nature de ses occupations... (Haut.) Pourquoi
cet air troublé?

ROSALBA.

Ai-je l'air troublé?

BALTHAZAR.

Tu l'as!

ROSALBA, à part.

Méfions-nous!

BALTHAZAR.

Il y a du louche.

ROSALBA, avec vivacité.

Pour ça, non!... pas plus louche que vous et moi...

BALTHAZAR.

Que dit-elle?

ROSALBA, à part.

Dzing!... pincée!

BALTHAZAR.

Gaspard!

GASPARD.

Patron?

BALTHAZAR.

Cherche avec moi.

GASPARD.

Cherchons!

Musique en sourdine. — Pendant qu'ils cherchent, Rosalba se sauve à
droite.)

SCÈNE X

GASPARD, BALTHAZAR, ATHANASE [1].

BALTHAZAR, regardant dans la caisse.

Rien dans la caisse.

GASPARD, même jeu.

Ni dans le trombonne!

Il souffle dedans.

1. Gaspard, Athanase, Balthazar.

BALTHAZAR, regardant dans le porte-voix.

Ni ici!

GASPARD.

Ni là!

BALTHAZAR, ouvrant les rideaux.

Ciel! que vois-je?

GASPARD.

Ciel! que voit-il?

BALTHAZAR, il prend une pose.

Un homme!...

GASPARD, à part, prenant aussi une pose.

Mon rival!... oh!... malheur!

BALTHAZAR.

Comment avez-vous pénétré sous mes lambris?

ATHANASE.

Au moyen de cette branche tutélaire.

BALTHAZAR.

Et dans quel but ténébreux violez-vous mon foyer?

ATHANASE, descendant.

Mes intentions sont honnètes.

BALTHAZAR, vivement.

Gaspard, as-tu serré l'argenterie?

ATHANASE.

Me croyez vous capable de?... moi qui brûle d'une flamme si pure!...

GASPARD, à part.

Une flamme!... quelle idée!... Je tiens ma vingince!... (Haut.) Patron!... mais vous ne reconnaissez donc pas monsieur?

BALTHAZAR.

Tu le connais?

GASPARD, allant à Balthazar [1].

Je ne l'ai jamais tant vu... mais je m'en doute!... Comment vous ne devinez pas?...

ATHANASE, à part.

Que va-t-il dire?

BALTHAZAR.

Quoi?

____

1. Athanase, Balthazar, Gaspard.

GASPARD.

Vous savez bien, ce particulier que vous attendiez...

ATHANASE, à part.

Il m'attendait !...

BALTHAZAR, à Gaspard.

Ah! parfait!... mon Arabe!... (Haut.) Excusez-moi, jeune homme, mais n'ayant pas l'avantage de posséder votre physionomie... je...

ATHANASE.

Mais, de rien... comment donc...

BALTHAZAR.

Donnez-vous donc la peine de vous asseoir.

ATHANASE, cherchant vainement une chaise.

Merci... je ne suis pas fatigué.

BALTHAZAR.

Ah ! ah! vous m'êtes puissamment recommandé !...

ATHANASE.

Vraiment !

GASPARD, à part.

Bravo ! ça prend...

BALTHAZAR.

Il paraît que vous êtes un sujet... del primo cartello !...

ATHANASE, saluant.

Trop poli....

BALTHAZAR.

Entre autres qualités, vous avez celle d'être incombustible ?...

ATHANASE, souriant agréablement.

C'est-à-dire....

BALTHAZAR.

Ne niez pas... j'ai des documents.

ATHANASE.

Alors, vous savez pourquoi je suis venu ?

BALTHAZAR.

Naturellement... Ce n'est pas pour vous faire poser des sangsues...

ATHANASE.

Il me reste à m'excuser de la façon un peu... exotique dont je me suis présenté en votre domicile...

BALTHAZAR.

Bast !... entre artistes...

GASPARD, à part.

Ça marche ! ça marche !... Oh ! ma vingince !...

BALTHAZAR.

Vous êtes de première force sur tous les exercices ?

ATHANASE.

O i !... de première force...

BALTHAZAR.

De la modestie ? très-bien !... Vous êtes vacciné ?

ATHANASE.

Depuis l'âge de trois mois... (A part.) Drôle de conversation !...

BALTHAZAR.

Bien ! Parlons des conditions.

ATHANASE.

Oh ! je n'en fais pas... Ce n'est pas l'intérêt qui me guide... croyez-le...

BALTHAZAR.

Il y a l'amour de l'art... Bravo ! nous nous entendrons, alors... Je vous donne la table et le logement, avec vingt sous par jour.

ATHANASE.

Une telle générosité !... mais je n'entends pas...

BALTHAZAR.

Seulement, vous savez que les combustibles ne doivent pas être dilapidés par vous...

ATHANASE, avec étonnement.

Je n'ai pas l'habitude...

BALTHAZAR.

C'est qu'il y en a qui y mettent trop de conviction... et ça ne peut plus resservir.

ATHANASE, riant.

Ah ! ah ! ah ! (A part.) Il est farceur !...

BALTHAZAR.

Voyons ! nous allons faire une petite répétition... Gaspard ?

GASPARD.

Patron ?...

BALTHAZAR.

Apporte du plomb fondu et des charbons ardents.

GASPARD.

Voilà, patron... (A part.) Nous allons rire... Oh! ma vingince !

(Il sort un instant à droite.)

ATHANASE, à part [1].

Il a des casseroles à rétamer...

BALTHAZAR, lui frappant sur le ventre.

Ah! ah! mon gaillard! vous allez avoir votre affaire!...

ATHANASE.

Ah! monsieur! Il n'est que temps.

AIR : *Apothicaire et Perruquier.*

Un ange, une femme inconnue,
Que je contemplais pour deux sous,
Chaque dimanche dans la rue,
Mon cher monsieur, m'a rendu fou!
Enfin je vais l'avoir pour femme,
Cette idé' là me rend la raison ;
Depuis l'temps qu' pour elle j'ui' enflamme,
Me v'là que j' brûl' comme un tison!...

BALTHAZAR.

Ça!... c'est une manière de parler, puisque vous êtes incombustible.

ATHANASE.

Vous dites ?...

BALTHAZAR.

Mais j'espère bien que le mariage ne vous changera pas.

ATHANASE.

Non certes.

BALTHAZAR, lui approchant un tambour et une table.

Voyons... vous allez vous mettre à table...

ATHANASE, faisant des façons.

Vous me comblez...

BALTHAZAR.

Pas de cérémonies... J'ai hâte de m'assurer par moi-même
de votre manière d'opérer.

1. Athanase, Balthazar.

3

ATHANASE.

Hein ?

GASPARD, rentrant avec un bol rempli de charbons et une cuillère
à pot.

Le potage demandé... avec le rôti.

(Il le place devant Athanase) 1.

BALTHAZAR.

Allez-y, mon petit !...

(Athanase met la main dans le bol, touche un charbon et
pousse un cri.)

ATHANASE, reculant.

Qu'est-ce que c'est que çà ?

BALTHAZAR.

Des charbons en ignition et du plomb fondu.

ATHANASE.

Pourquoi faire ?

GASPARD, bas.

Mangez !

ATHANASE, avec un soubresaut.

Hein ?

BALTHAZAR.

Eh bien !

GASPARD, bas.

Mangez !

ATHANASE, épouvanté.

Jamais !

BALTHAZAR.

Qu'est-ce à dire... jeune Bédouin ?

ATHANASE.

Bédouin, vous-même !

BALTHAZAR, marchant sur lui.

Serais-je joué ?...

(Il le saisit au collet.)

ATHANASE, se débattant.

Voulez-vous me lâcher, ou je mords !

GASPARD, avec joie.

Eh !... eh !... C'ss !... C'ss !...

ENSEMBLE.

ATHANASE.

Ciel! que va-t-il me faire?
Est-il donc enragé?
Pourquoi cette colère,
Que diable a-t-il mangé?
C'est un affreux délire,
Il me tordra le cou;
A m'en aller j'aspire,
Car ce vieillard est fou!

BALTHAZAR.

La rage m'exaspère,
Pourquoi cet étranger,
Sous mon toit tutélaire
Veut-il emménager?
Il cherche à s'introduire
Pour faire un mauvais coup;
C'est là ce qu'il désire,
Ça doit être un filou.

GASPARD.

Ah! quel moment prospère!
Ils vont s'entre-égorger.
Cristi! la bonne affaire,
Je vais donc me venger!
Il voulait la séduire
Celle dont je suis fou;
Le patron va l'occire!...
Pourquoi qui vient chez nous!

SCÈNE XI

Les Mêmes, ROSALBA [1].

ROSALBA, entrant vivement.

Ne l'abimez pas, papa!... c'est mon futur!...

BALTHAZAR, prenant une pose.

Ton futur?

GASPARD, s'arrachant les cheveux.

Oh! malheur!

____
1. Gaspard, Athanase, Balthazar, Rosalba.

BALTHAZAR.

Qu'ai-je entendu ?... Rosalba ! ton futur !... un Bédouin ?...

ATHANASE.

Ah ! ça, vous m'ennuyez, vous, à la fin...

BALTHAZAR.

Quoi ! n'es-tu pas l'homme incombustible que j'attendais aujourd'hui ?

(Il marche sur lui.)

ROSALBA.

Lui ?

ATHANASE.

Moi ?

BALTHAZAR, le saisissant au collet.

Ah ! tu te fais passer pour ce que tu n'es pas ! Attends... paltoquet !...

(Il le secoue.)

ROSALBA.

Mon père, vous allez le détruire !...

GASPARD, criant.

Achevez-le, patron !

ATHANASE, se dégageant.

Mais, sacrebleu ! laissez-moi parler !

BALTHAZAR.

Qu'as-tu à dire ?

ATHANASE.

Une minute .. que diable !... on s'explique ! J'arrive ici... je trouve un homme, qui m'accueille d'abord avec des paroles d'encouragement... qui me tient ensuite des propos décousus, et qui finit par vouloir me faire avaler du plomb fondu... je résiste... il se fâche... Ma foi, je ne comprends plus.

BALTHAZAR.

Mais alors, que demandez-vous ?

ATHANASE.

Parbleu ! la main de mademoiselle.

BALTHAZAR.

De Rosalba ?... jamais !...

GASPARD, vivement.

Très-bien... patron !

1. Gaspard, Athanase, Balthazar.

ATHANASE.

Laissez-vous attendrir, homme vénérable !... Sa barbe a
su toucher mon cœur...

ROSALBA.

La sienne a produit le même effet sur moi.

ATHANASE.

Oh ! doux aveu !

GASPARD.

Ah ! malheur !

BALTHAZAR.

Sa barbe, dis-tu ?... Tu l'aimes pour sa barbe ? Eh bien !
regarde !

(Il arrache la barbe de Rosalba.)

ATHANASE.

Ah ! je l'aime mieux ainsi !... quant à la mienne, c'était
pour lui plaire.

(Il l'arrache.)

ROSALBA, passant à Athanase avec une inflexion grotesque [1].

Tant d'amour !... ô Athanase !...

ATHANASE.

ô Rosalba !

(Il l'a prend dans ses bras.)

BALTHAZAR.

Il n'est pas incombustible !... au moins, as-tu des moyens
d'existence ?

ATHANASE, avec âme.

Je suis marchand de pastilles du sérail... Elle sera heureuse !...

BALTHAZAR.

Rosalba, puisque tu rentres dans la vie civile, tu vas faire
tes adieux au public.

ROSALBA.

Je crois que c'est le moment !

BALTHAZAR.

En avant ! la musique... Entrez, mesdames et messieurs,
c'est pour la dernière séance de mademoiselle Rosalba.

(Le public entre et se groupe.)

1. Gaspard, Athanase, Rosalba, Balthazar.

SCÈNE XII

Les Mêmes, SPECTATEURS ET SPECTATRICES, LA NOURRICE, LE FANTASSIN, portant à son tour l'enfant.

ROSALBA.

(Elle chante la Femme à Barbe.)

I.

Entrez dans mon établissement
Vous n'trouv'rez pas dans toute la foire
Un phénomène plus surprenant
Que c'te barbe qui fait ma gloire
Vous pouvez toucher n'craignez rien,
Ça n'vous restra pas dans la main,
Touchez, voyez qu'c'est pas des frimes.
Et ça n'vous coût' que dix centimes,
Entrez bonn's d'enfants et soldats.
Tâchez moyen d'faire ployer c'bras.
On f'rait plutôt ployer un arbe.
C'est moi que j' suis la femme à barbe (*bis*).

II.

Quand j'vins au monde on reconnut,
Que j'serais l'honneur de la famille,
Jusqu'ici l'on n'avait pas vu
De barbe au menton d'une fille
En m'gratifiant de c't'agrément,
L'ciel m'a fait un fier boniment,
Avec ça je ne suis pas feignante.
J'soulève des poids d'trois cent cinquante.
Entrez bonn's d'enfants et soldats
Tâchez moyen d'fair'ployer c'bras.
On f'rait plutôt ployer un arbe
C'est moi que j' suis la femm' à barbe (*bis*).

III.

J'trouv' qu'au sujet de c't'ornement,
Les homm's ont l'âme un peu trop fière,
Je n'suis qu'un' femme et cependant,

Moi j'en vaux six d'mandez à Pierre,
Pierre l'Hercul' d'en face, un agneau,
Qu'est jaloux d'moi comme un taureau,
Aussitôt qu'un civil me lorgne,
Ah ! nom d'un chien comm' y vous l'cogne.
Entrez bonn's d'enfants et soldats
Tâchez moyen d'fair' ployer c'bras
On f'rait plutôt ployer un arbe.
C'est moi que j' suis la femm' à barbe (*bis*).

(Le fantassin dans son enthousiasme, pour applaudir oublie l'enfant
et le laisse tomber. — La nourrice le ramasse).

IV.

Les sergents de la garnison
Me font parfois la galant'rie,
D'm'offrir un canon sans façon,
Mais j'vas pas avec l'infant'rie
On a d'la barb' mais d'la pudeur,
J'suis un' femme et pas un sapeur,
J'plains celui qu'aurait l'impudence,
D'pas respecter ma corpulence.
Entrez bonn's d'enfants et soldats,
Les homm's' grêlés ne paieront pas,
C'est pas d'la chair ça c'est du marbre.
C'est moi que j' suis la femm' à barbe (*bis*).

(Le fantassin et Gaspard se pendent, chacun de son côté, au bras de
Rosalba qui d'un mouvement sacadé les envoie par terre au
fond du théâtre.)

LE RIDEAU TOMBE

FIN

POISSY. — TYP. ET STÉR. DE A. BOURET.

www.ingramcontent.com/pod-product-compliance
Ingram Content Group UK Ltd.
Pitfield, Milton Keynes, MK11 3LW, UK
UKHW031731170726
13836UKWH00002B/590